¿Quién fue
Abraham Lincoln?

ABRAHAM LINCOLN

¿Quién fue
Abraham Lincoln?

por Janet B. Pascal
ilustrado por John O'Brien
traducido del inglés por Santiago Ochoa

Grosset & Dunlap
An Imprint of Penguin Random House

Para David y Susan, quienes también son bastante
eficaces con sus hachas—JBP

GROSSET & DUNLAP
Penguin Young Readers Group
An Imprint of Penguin Random House LLC

The publisher does not have any control over and does not assume any responsibility for author or third-party websites or their content.

Spanish translation by Santiago Ochoa.

Spanish translation copyright © 2012 by Penguin Random House LLC.
Text copyright © 2008 by Janet B. Pascal. Illustrations copyright © 2008 by John O'Brien.
Cover illustration copyright © 2008 by Penguin Random House LLC. All rights reserved.
Published by Grosset & Dunlap, an imprint of Penguin Random House LLC,
345 Hudson Street, New York, New York 10014. The WHO HQ™ colophon and
GROSSET & DUNLAP are trademarks of Penguin Random House LLC.
Printed in the USA.

The Library of Congress has cataloged the original English edition under the following
Control Number: 2008010694

ISBN 978-0-448-45853-3   10 9 8 7 6 5

Contenido

¿Quién fue
Abraham Lincoln?

Once de abril de 1865. Después de cuatro años terribles, la Guerra Civil americana—la guerra entre el Norte y el Sur—casi había terminado. Era claro que el Norte ganaría. El presidente Abraham Lincoln había participado en la guerra para evitar que el Sur rebelde abandonara la nación. Él quería que el país fuera *uno* solo: los Estados Unidos de América.

Desde la ventana de la Casa Blanca, el Presidente se dirigió a la gran multitud que

estaba abajo. Tad, su hijo de doce años, estaba a sus pies, recogiendo las páginas del discurso mientras el presidente las arrojaba al suelo.

Un hombre que estaba entre el público gritó, "¿Qué haremos con los rebeldes?".

Alguien respondió, "¡colgarlos!".

Antes de que el Presidente pudiera responder, Tad señaló, "No; debemos permanecer con ellos".

Tad entendía a su padre mejor que cualquiera. El presidente Lincoln quería conservar a los estados sureños que habían sido derrotados. Quería hacer que sintieran que una vez más eran parte de la Unión. No estaba interesado en la venganza. Lincoln fue un presidente y un hombre notable. Esperaba convertir a sus enemigos en amigos.

Capítulo 1
La vida en una cabaña de madera

El hombre que muchas veces es considerado el mejor presidente de Estados Unidos nació el 12 de febrero de 1809 en una rudimentaria cabaña de madera en Kentucky, la cual medía dieciocho pies de largo por dieciséis de ancho, tenía piso de tierra y no tenía ventanas.

CABAÑA DE MADERA

INTERIOR DE UNA CABAÑA: UN CUARTO Y UN *LOFT*

Su padre, Thomas Lincoln, era un hombre callado y trabajador. También era famoso por su honestidad. Había tenido poca educación y sólo podía escribir su nombre. Nancy Hanks Lincoln, la madre de Abraham, era inteligente y curiosa. Podía leer un poco, pero no sabía escribir.

Los Lincoln eran pobres. Vivían de granja en granja, tratando de ganarse el sustento. Cuando Abraham tenía siete años, su familia se mudó de Kentucky a Indiana.

Entre otras cosas, se mudaron porque Kentucky era un estado "esclavista", mientras que Indiana era un "estado libre". La familia Lincoln odiaba la esclavitud. Posteriormente, Abraham dijo que él era "naturalmente anti esclavista" hasta donde podía recordar. Finalmente, los Lincoln terminaron viviendo en una pequeña granja de Illinois.

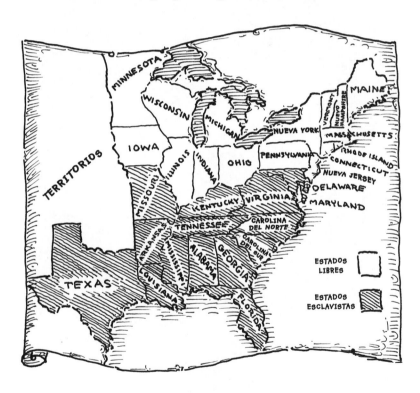

Abraham y Sarah, su hermana mayor, trabajaban duro desde que eran muy pequeños. Abraham era alto y fuerte para su edad. Cuando tenía ocho años, podía cortar leña con un hacha como cualquier adulto. También ayudaba a arar la tierra y a recoger la cosecha. Pero no cazaba. Cuando tenía siete años, mató a un pavo salvaje de un disparo y descubrió que odiaba matar animales.

Su madre murió cuando él tenía nueve años. Fue una pérdida terrible para él y para su hermana. Thomas Lincoln no podía criar a sus dos hijos. Vivían a varias millas de distancia del vecino más cercano. Entonces regresaron a Kentucky y él se casó de nuevo.

Sarah Bush Boston era viuda y tenía tres hijos. Trajo sus muebles con ella: camas de verdad, una mesa y sillas que a los niños Lincoln les parecieron lujos asombrosos. Aunque extrañaba mucho a su madre, Abraham no tardó en querer mucho a Sarah. Ella le estimulaba todos sus intereses. Él le decía "Mamá" y era mucho más cercano a ella que a su

padre. Gracias a Sarah, Abraham siempre recordó su infancia con alegría.

Había mucho trabajo por hacer, así que no quedaba mucho tiempo para estudiar. De todos modos, en los bosques no había muchas escuelas. Abraham había estudiado en una escuela *A, B, C* de Kentucky, donde había aprendido el abecedario

pero no a leer ni a escribir. En Indiana asistió a
una escuela donde todos los estudiantes decían
sus lecciones en voz alta. El maestro o maestra
escuchaba e intentaba detectar los errores en medio
del bullicio.

Abraham dejó de estudiar cuando tenía quince
años. Sólo había estudiado casi un año en total.
Pero había aprendido a leer. Ahora podía enseñarse
a sí mismo lo que quisiera. Leía cualquier libro que
pudiera encontrar. Una vez caminó veinte millas
para pedir uno en préstamo.

LOS LIBROS DE LINCOLN

LA MAYORÍA DE LOS LIBROS QUE ABRAHAM LINCOLN LEYÓ EN SU INFANCIA ERAN LOS QUE SU MADRASTRA SARAH TRAJO CON ELLA TRAS CASARSE CON SU PADRE. UNO DE ELLOS ERA LA BIBLIA Y, OTRO LAS FÁBULAS DE ESOPO. A LINCOLN LE ENCANTARON LAS FÁBULAS, PUES LE ENSEÑARON A UTILIZAR HISTORIAS CORTAS Y DIVERTIDAS PARA RESALTAR PUNTOS IMPORTANTES. APRENDIÓ DE MEMORIA VARIOS PASAJES DE SHAKESPEARE Y AÚN PODÍA RECITARLOS CUANDO ERA PRESIDENTE.

OTRO LIBRO FAVORITO SUYO ERA UNA BIOGRAFÍA DE GEORGE WASHINGTON. SIN EMBARGO, CUANDO ERA NIÑO, LINCOLN NO PODÍA HABER TENIDO LA MENOR IDEA DE QUE UN DÍA SERÍA CONSIDERADO UN GRAN PRESIDENTE.

Abraham tardaba mucho tiempo en leer un libro. Muchas personas pensaban que era lento y pesado. Pero su madre sabía por qué tardaba tanto tiempo en aprender: él quería asegurarse de aprender todo. A veces aprendía de memoria una parte de un libro. Como el papel era caro y difícil de conseguir, copiaba fragmentos en un pedazo de madera. Cuando se volvía completamente negra y no podía ver lo que estaba escribiendo, lo borraba y comenzaba de nuevo.

La gente apreciaba a Abraham. Era bueno para contar historias divertidas. También era famoso por hacer bromas. Una vez logró que dos hombres que se iban a casar el mismo día llegaran a casarse con la novia equivocada. Muchos años después, la gente todavía hablaba de esta anécdota.

Capítulo 2
Un mundo más grande

Abraham Lincoln sabía que no quería ser un granjero como su padre. Pero no sabía qué quería hacer. Y cuando tenía veintiún años, decidió abandonar su hogar y descubrirlo.

Consiguió un trabajo ayudando a descargar botes que transportaban mercancía por el río

Sangamon. Una vez, un bote quedó atascado en una represa frente a la ciudad de New Salem en Illinois y comenzó a llenarse de agua. Nadie sabía qué hacer. Lincoln tuvo una idea brillante. Hizo un hueco en la parte delantera del bote y llevó toda la mercancía allá. El bote se inclinó hacia el hueco, y toda el agua salió hasta que el bote estuvo por encima del agua y pudo navegar. Denton Offutt, el propietario del bote, quedó tan impresionado que le ofreció un mejor trabajo a Lincoln. Decidió construir una tienda en New Salem. Lincoln sería el administrador.

NEW SALEM

New Salem era un pueblo pequeño, pero a Lincoln le parecía grande y lleno de actividad.

Muchas personas se reunían en la tienda y Lincoln no tardó en ser popular. La gente confiaba en él. Nunca se aprovechaba de nadie ni cobraba un centavo de más. Entró a un club de debates y participó en la vida política del pueblo. También asistía a las reuniones del tribunal local. El juez de paz comenzó a pedirle su opinión sobre los casos, porque todo lo que él decía era muy divertido. Pero sus opiniones también eran muy inteligentes. La gente comenzó a pedir consejos legales a Lincoln.

Lincoln no sólo impresionó a los habitantes del pueblo. Algunos granjeros rudos llamados la pandilla de Clary's Grove escucharon hablar de Lincoln, ese hombre joven al que tanto elogiaba la gente. Querían bajarle los humos y lo desafiaron a un combate de lucha libre. No sabemos si Lincoln ganó o perdió. Pero terminó por ganárselos debido a la forma en que lidió con ellos. Se convirtieron en sus amigos y también en sus seguidores leales.

En 1832, sus amigos lo convencieron para que se postulara a la Legislatura Estatal de Illinois. Estuvo a un paso de ser elegido. Mientras tanto, la tienda de Offutt fracasó y Lincoln perdió su trabajo. Entonces, estalló una guerra entre los colonos de Illinois y los Nativos Americanos. Lincoln se unió a la milicia. Nunca participó en un combate, pero se jactó de toda la sangre que derramó . . . debido a los mosquitos.

Decidió postularse de nuevo para la legislatura estatal. Contaba con el apoyo de todos sus amigos de New Salem. Pero algunos granjeros pensaban que él era sólo un tipo de la ciudad que no sabía trabajar en el campo. Entonces Lincoln trabajó en las cosechas.

Esto le ganó los votos de los granjeros. Y también contaba con que la pandilla de Clary's Grove se asegurara de que sus amigos votaran por él. Esta vez, Lincoln fue elegido.

Abraham decidió que sería un mejor representante si sabía más sobre asuntos legales. Entonces comenzó a leer libros sobre leyes. Aunque nunca realizó estudios formales de leyes, Lincoln aprendió lo suficiente por sus propios medios y obtuvo la licencia de abogado luego de estudiar cada minuto de su tiempo libre. Muchas veces estudiaba recostado sobre su espalda, sus largas piernas descansando en el tronco de un árbol. Mientras el sol se movía, Lincoln hacía lo mismo alrededor del árbol.

LA DEPRESIÓN DE LINCOLN

LINCOLN DISFRUTABA DE LA VIDA. SOLÍA ESTAR RODEADO DE MUCHA GENTE, CONTANDO HISTORIAS. CUANDO LLEGABA AL FINAL, NADIE SE REÍA TANTO COMO ÉL. PERO TODOS NOTABAN QUE TAMBIÉN TENÍA UNA GRAN TRISTEZA. ALGUNAS VECES, UNA HORA DESPUÉS DE HABER CONTADO CHISTES, SE SENTABA SOLO, CON LOS BRAZOS ALREDEDOR DE LAS RODILLAS. NADIE SE ATREVÍA A ACERCARSE A ÉL EN ESOS MOMENTOS. LINCOLN SUFRIÓ ATAQUES DE DEPRESIÓN TODA SU VIDA.

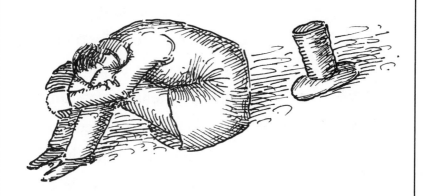

Capítulo 3
Un miembro del Congreso

En 1837, Lincoln se mudó a Springfield, la nueva capital del estado. Era una ciudad fronteriza con cabañas de madera. Los cerdos andaban sueltos en las carreteras sin pavimentar. Pero era la ciudad más grande en la que había vivido Lincoln. Tenía incluso una librería. Abraham trabajó en el bufete de abogados de un amigo, donde llevaba el registro de los trámites. No era muy bueno en esta labor y tenía la costumbre de llevar documentos importantes en el interior de su sombrero de copa alta. A veces los perdía.

El gobierno estatal sólo realizaba sesiones durante una parte del año. Y no había negocios suficientes en Springfield para que un abogado pudiera vivir de esto. Lincoln tuvo que viajar por todas las ciudades del estado, al igual que la mayoría de los abogados. Dos veces al año, un juez visitaba todas las ciudades que no tenían tribunales por ser demasiado pequeñas. Lincoln se unió al grupo de abogados que seguía la ruta del juez.

Viajaban todos juntos. Por la noche, se hacinaban en pequeños hoteles rudimentarios. Algunas veces, veinte hombres tenían que alojarse en una sola habitación. Lincoln dormía en el suelo

con frecuencia. Al cabo de pocos días, el grupo seguía su camino. Muchas veces las carreteras eran tan malas que tenían que caminar. Como Lincoln tenía unas piernas tan largas, sus compañeros lo hacían vadear arroyos para saber qué tan profundos eran.

LOS WHIGS Y LOS DEMÓCRATAS

ESTADOS UNIDOS HA TENIDO MUCHOS PARTIDOS POLÍTICOS EN SU HISTORIA, A MENUDO CON NOMBRES CONFUSAMENTE SIMILARES (HUBO INCLUSO UN PARTIDO LLAMADO DEMÓCRATA-REPUBLICANO). CUANDO LINCOLN ESTABA COMENZANDO, LOS PRINCIPALES PARTIDOS ERAN LOS WHIGS Y LOS DEMÓCRATAS. LOS DEMÓCRATAS APOYABAN LOS DERECHOS DE LOS ESTADOS. CREÍAN QUE CADA ESTADO DEBÍA TENER EL PODER DE GOBERNARSE A SÍ MISMO. PERO LOS WHIGS QUERÍAN UN GOBIERNO CENTRAL MÁS FUERTE. DECÍAN QUE EL GOBIERNO DEBÍA ESTIMULAR Y PAGAR POR TODO AQUELLO QUE HICIERA QUE EL PAÍS FUNCIONARA MEJOR. LINCOLN ERA UN WHIG. A COMIENZOS DE SU CARRERA, RESPALDÓ LA CONSTRUCCIÓN DE CANALES Y DE FERROCARRILES QUE FACILITARÍAN EL COMERCIO Y EL TRANSPORTE.

A Lincoln no le importaba la mala comida ni la vida difícil. Le gustaba conocer gente. Los impresionaba con sus historias divertidas, su simpatía, sus habilidades y su honestidad. "Si . . . no puedes ser un abogado honesto", dijo, "decide ser honesto sin ser un abogado".

Lincoln fue un firme partidario del Partido Whig. Pronto, fue uno de los miembros más importantes de este partido en Illinois. A dondequiera que iba, trabajaba mucho en las campañas de los candidatos de su partido. Se sabía de memoria miles de nombres de votantes.

Lincoln se sentía bien con casi todas las personas, pero era tímido y torpe con las jóvenes. Un par de años después de mudarse a Springfield, conoció a Mary Todd en una fiesta. Y aunque la pisó mientras bailaban, a Mary le gustó Lincoln. Ella era una beldad del Sur, que a los veintiún años, estaba muy ansiosa por casarse. Bonita y animada, le facilitó la labor a Lincoln al tomar la iniciativa en

la conversación. Mary estaba más interesada en la política que la mayoría de las mujeres de su época. Decía a menudo que quería casarse con un hombre que fuera presidente.

Se casaron el 4 de noviembre de 1842. Lincoln bromeó sobre lo extraño de que alguien quisiera casarse con él. "No hay nada nuevo aquí", le escribió a un amigo, "salvo mi matrimonio, que para mí,

es un asunto de una profunda maravilla".
En el anillo de bodas de Mary, Lincoln mandó grabar "El amor es eterno".

Al principio, la pareja vivió en un hotel, pero pronto compraron una casa. No era muy elegante. Sin embargo, era la primera casa que tenía Lincoln. Nueve meses después de haberse casado, nació Robert, su primer hijo. Dos años después tuvieron otro hijo, llamado Edward, que murió a los tres años. Luego tuvieron un tercer hijo, Willie, y un cuarto, Thomas. Cuando Thomas nació, su cabeza era tan grande que a Lincoln le pareció un renacuajo. Y entonces le puso el apodo de Tad.

Ambos padres malcriaron a sus hijos. Cuando Lincoln los llevaba a su bufete de abogado, ellos arrojaban los ceniceros y los tinteros al suelo. Amontonaban papeles y bailaban sobre ellos.

LA FOTOGRAFÍA

CUANDO ABRAHAM LINCOLN NACIÓ, LA
FOTOGRAFÍA NO EXISTÍA. DURANTE SU VIDA SE
INVENTARON NUEVOS MÉTODOS PARA TOMAR
IMÁGENES PERMANENTES. SE PUSO DE MODA
TENER UN RETRATO, Y SABEMOS QUE ESO
LE GUSTABA A LINCOLN Y A SU FAMILIA. LA
FOTOGRAFÍA DE LINCOLN MÁS ANTIGUA QUE SE
CONOCE FUE TOMADA ALREDEDOR DE 1846 (ANTES
DE QUE TUVIERA BARBA). UNA FOTOGRAFÍA DE
MARY TAMBIÉN FUE
TOMADA POR ESA ÉPOCA.

LA FOTOGRAFÍA
TAMBIÉN HIZO QUE LA
GUERRA CIVIL FUERA
MÁS REAL PARA
LAS PERSONAS QUE
CUALQUIER OTRA
GUERRA ANTERIOR.
MATTHEW BRADY Y SUS
ASISTENTES FUERON
A LOS CAMPOS DE
BATALLA Y REGISTRARON
EXACTAMENTE LO QUE
VIERON. BRADY TAMBIÉN
FOTOGRAFIÓ VARIAS
VECES A LINCOLN.

ABE

MARY

TAD

ROBERT

WILLIE

EDDIE
1846 – 1849

LOS LINCOLN EN 1853

El socio de Lincoln decía a veces que "quería estrangularlos". Pero Lincoln nunca regañó a sus hijos.

En 1841, después de llevar seis años en la legislatura estatal, Lincoln decidió que ya era hora de hacer algo más importante. Quería ser el candidato por el Partido Whig a la Cámara de Representantes de los Estados Unidos. Sin embargo, el partido escogió a otro candidato. Aún así, trabajó duro para que su rival fuera elegido. Pensó que esto lo pondría en línea para ser elegido en las próximas elecciones.

Su plan funcionó. En 1846, Abraham Lincoln fue elegido como representante de Illinois. Se mudó a una casa de huéspedes en Washington, D.C. Ahora Lincoln se ocuparía de asuntos que afectarían a todo el país y no sólo a su estado.

Mary y los niños fueron con él, pero ellos se comportaron tan mal que pronto tuvo que enviarlos de regreso. Lincoln no tenía tiempo para extrañarlos, pues trabajaba mucho. Casi nunca se perdía una sesión del Congreso. Era miembro de varios comités. Pronunciaba discursos. Pero no hacía nada que fuera muy importante y nadie lo notó. Al final de su período de dos años, Lincoln regresó a casa con la sensación de que no había logrado dejar su huella en el país.

Durante los seis años siguientes, Lincoln se concentró en su práctica legal en Springfield. Había decidido que no estaba interesado en la política.

Capítulo 4
El gran debate

Lo que llevó de nuevo a Lincoln a la política fue la Ley de Kansas-Nebraska de 1854. Los americanos llevaban mucho tiempo discutiendo sobre la esclavitud. ¿Debería ser legal? Y de ser así, ¿dónde? En 1820, Missouri se convirtió en un estado. La esclavitud era legal allí. En esa época, el Congreso había declarado que la esclavitud no sería aprobada en ningún otro estado que estuviera más al Norte.

Luego, en 1854, el Congreso revirtió esa decisión. El territorio de Kansas-Nebraska estaba al norte del borde donde se prohibía la esclavitud. Pero ahora el Congreso dijo que el territorio se había convertido en dos estados separados, sus habitantes podrían decidir sobre la esclavitud.

Podían declararla legal si querían. ¿El Congreso había incumplido su promesa? Los abolicionistas,

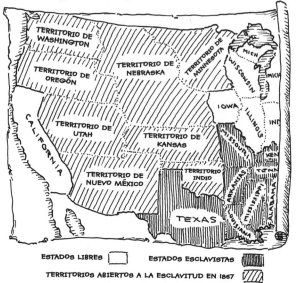

ESTADOS LIBRES ☐   ESTADOS ESCLAVISTAS ▓
TERRITORIOS ABIERTOS A LA ESCLAVITUD EN 1857 ▨

las personas que luchaban para que la esclavitud fuera ilegal, creían que sí. Ellos odiaron la Ley de Kansas-Nebraska.

Lincoln también detestó la ley, aunque no era exactamente un abolicionista. Odiaba la esclavitud y quería que se terminara. Pero pensaba que la Constitución decía que la esclavitud era legal en los Estados Unidos. Temía que si el Congreso trataba de obligar a los propietarios a liberar a sus esclavos, todo terminaría en violencia. Y aunque la esclavitud iba en contra de sus principios, apoyó los derechos legales de los propietarios de esclavos.

Lincoln pensaba que la esclavitud podría terminar de otra manera. Creía que sólo debería ser permitida en las partes de los Estados Unidos donde ya era legal, pero no en ningún territorio nuevo. Y entonces dejaría de existir con el paso del tiempo. La gente comprendería que la esclavitud era mala para el país. Estarían dispuestos a terminar con ella sin pelear. Para Lincoln, la Ley de Kansas-Nebraska fue un paso terrible en la dirección equivocada. El Congreso estaba abriendo territorios nuevos e inmensos a la esclavitud.

Y entonces regresó a la política. El hombre responsable por la Ley de Kansas-Nebraska era Stephen Douglas, senador de Illinois. Lincoln y Douglas habían sido rivales durante varios años, desde que estaban en la legislatura estatal.

LOS ABOLICIONISTAS

LOS MOVIMIENTOS QUE SE OPONÍAN A LA ESCLAVITUD COMENZARON EN ÁFRICA MIENTRAS LAS COLONIAS TODAVÍA ESTABAN BAJO EL CONTROL BRITÁNICO. EN 1804, LA ESCLAVITUD HABÍA SIDO DECLARADA ILEGAL EN TODOS LOS ESTADOS DEL NORTE.

EN LAS DÉCADAS DE 1830 Y 1840, SURGIÓ UN MOVIMIENTO ABOLICIONISTA EN LOS ESTADOS UNIDOS. LOS ABOLICIONISTAS CREÍAN QUE LA ESCLAVITUD ERA MALA Y QUE DEBERÍA SER ILEGAL EN TODAS PARTES. MUCHOS ESCRIBIERON ARTÍCULOS Y PRESIONARON AL GOBIERNO PARA QUE HICIERA UNA REFORMA. ALGUNOS INTEGRARON UNA RED SECRETA QUE AYUDABA A LOS ESCLAVOS A ESCAPAR Y SER LIBRES.

NO TODOS LOS QUE ESTABAN EN CONTRA DE LA ESCLAVITUD ERAN ABOLICIONISTAS. ALGUNAS PERSONAS CREÍAN QUE LOS ABOLICIONISTAS ERAN PELIGROSOS, PUES QUERÍAN HACER GRANDES CAMBIOS Y CON MUCHA RAPIDEZ. EL ABOLICIONISTA MÁS EXTREMO FUE JOHN BROWN. INTENTÓ HACER UNA REBELIÓN ARMADA DE ESCLAVOS, PERO FUE CAPTURADO Y CONDENADO A LA HORCA.

STEPHEN DOUGLAS

Douglas se había hecho famoso, mientras que Lincoln era relativamente desconocido. Y Lincoln estaba dispuesto a desafiarlo.

Sin embargo, Douglas se negó a debatir con él. Entonces Lincoln asistió a un discurso que Douglas pronunciaría al aire libre en Springfield. Douglas defendía la Ley de Kansas-Nebraska. Dijo que en América, las personas tenían derecho a decidir cómo querían ser gobernadas. Esto significaba que los habitantes de cada estado deberían poder decidir libremente si querían o no la esclavitud. Cuando Douglas terminó su discurso, Lincoln le gritó a la multitud que al día siguiente explicaría por qué Douglas estaba equivocado.

Entonces, una gran multitud se reunió ese día. Lincoln habló tres horas. Dijo que los argumentos de Douglas sólo tenían sentido si la gente creía que los negros no eran personas. Lincoln pensaba que los negros debían tener el mismo derecho a decidir sobre sus vidas que los blancos. Dijo que América había sido fundada sobre la creencia de que "ningún hombre era lo suficientemente bueno para gobernar a otro hombre *sin el consentimiento de éste*, sin importar el color de la persona.

LA DECISIÓN DRED SCOTT

LA LEY DE KANSAS-NEBRASKA NO FUE LO ÚNICO QUE HIZO QUE LINCOLN TEMIERA QUE EL PAÍS ESTABA YENDO EN LA DIRECCIÓN EQUIVOCADA. EN 1857, LA CORTE SUPREMA HABÍA DECIDIDO SOBRE EL CASO DE DRED SCOTT. SCOTT ERA UN ESCLAVO CUYO AMO LO HABÍA LLEVADO A VIVIR

DRED SCOTT

A LOS ESTADOS DE ILLINOIS Y WISCONSIN. LA ESCLAVITUD ERA ILEGAL EN AMBOS ESTADOS. SCOTT DIJO QUE ESTO SIGNIFICABA QUE YA ERA LIBRE. LA CORTE FALLÓ EN SU CONTRA. DIJO QUE SI UN ESCLAVO HABÍA SIDO COMPRADO LEGALMENTE, SEGUIRÍA SIENDO UN ESCLAVO SIN IMPORTAR EN DÓNDE VIVIERA. AL EXPLICAR SU DECISIÓN, UNO DE LOS MIEMBROS DE LA CORTE ESCRIBIÓ QUE LAS PERSONAS NEGRAS "NO TENÍAN DERECHOS QUE EL HOMBRE BLANCO DEBIERA RESPETAR."

El discurso de Lincoln lo hizo famoso. En 1854, decidió postularse al Senado. Estuvo cerca, pero no fue elegido. Mientras tanto, los temas importantes de la época estaban debilitando a los viejos partidos políticos. Había muchos temas importantes, pero la esclavitud estaba en la mente de todos. Muchos demócratas habían abandonado su partido disgustados por la Ley de Kansas-Nebraska. Los whigs también se estaban dividiendo debido a la esclavitud. Lincoln ya no sabía a qué partido pertenecía.

Se estaba fundando un nuevo partido político para combatir la esclavitud. Sus miembros se llamaban a sí mismos republicanos. Lincoln había sido un whig leal toda su vida. Pero ahora se convirtió en un líder del nuevo partido. Su primer candidato presidencial fue el explorador y líder militar John C. Frémont. Lincoln estuvo a un paso de ser elegido como candidato para vicepresidente. De todos modos, Frémont perdió las elecciones, y James Buchanan, que apoyaba la esclavitud, fue elegido presidente.

Lincoln no se desanimó y desafió a Douglas por su silla en el Senado. Los republicanos de Illinois lo nominaron por unanimidad. Su discurso de aceptación se basó en una cita de la Biblia. La frase se convirtió en una de sus favoritas, "Una casa dividida no puede permanecer".

JAMES BUCHANAN

También dijo que los Estados Unidos no podían continuar siendo mitad libres y mitad esclavos. La esclavitud acabaría o tomaría todo el país. O el país sería destruido.

Capítulo 5
Señor Presidente

Una vez más, Lincoln pidió a Douglas que debatieran. Esta vez, Douglas tuvo que aceptar. Se celebraron siete debates en diferentes ciudades de Illinois en 1858. Los habitantes de otros estados asistieron a ellos. Todo el país siguió los debates entre Lincoln y Douglas por los periódicos. Los reporteros escribieron cada palabra que pronunciaron.

Lincoln y Douglas eran unos rivales cómicos. Douglas era bajito, gordo y digno. Su apodo era "El pequeño gigante" porque se vestía con elegancia y tenía una voz gruesa y profunda. Y Lincoln era alto, delgado y torpe. Aún se vestía como un agricultor, y tenía una voz alta y delgada. Douglas asistía a los debates en un coche privado.

Lincoln viajaba en el tren como cualquier persona, conversando y bromeando. Pero los dos eran oradores muy hábiles.

La gente no estaba de acuerdo acerca de quién había ganado los debates. Y Lincoln perdió de nuevo en las elecciones para el Senado. Pero se había hecho famoso. Fue invitado a dar conferencias sobre la esclavitud en Nueva York. Se ganó a las multitudes con su pasión, y con sus argumentos simples y lógicos. Era su primera aparición pública en la costa Este, el centro del poder político en los Estados Unidos.

Mientras Lincoln se hacía un nombre por sí mismo, el país iba camino a una crisis. Los estados del Sur consideraron abandonar a los Estados Unidos para formar su propio país. El presidente Buchanan era un líder débil que no sabía cómo controlar al Sur. No podía mantener siquiera el apoyo de su propio partido. En 1860, el Partido Demócrata aún no había decidido a quién apoyaría como candidato presidencial. Estaban divididos entre Stephen Douglas y otro candidato.

LAS OPINIONES DE LINCOLN SOBRE LAS PERSONAS NEGRAS

AUNQUE LINCOLN PENSABA QUE LOS NEGROS NO DEBÍAN SER ESCLAVOS, TAMPOCO APOYABA LA IGUALDAD COMPLETA PARA ELLOS. NO CREÍA QUE LAS DOS RAZAS PUDIERAN VIVIR CON ARMONÍA. ENTONCES SUGIRIÓ QUE LOS ESCLAVOS LIBERADOS FUERAN ENVIADOS A UNA COLONIA EN OTRO PAÍS. LINCOLN TARDÓ AÑOS EN COMPRENDER QUE LA MAYORÍA DE LOS NEGROS NO QUERÍA VIVIR EN UN

NUEVO PAÍS, SINO QUE QUERÍA TENER DERECHOS EN SU PROPIA NACIÓN. LINCOLN NO CONOCÍA A MUCHAS PERSONAS NEGRAS. POSTERIORMENTE, CUANDO LA GUERRA CIVIL LO HIZO ENTRAR EN CONTACTO CON ELLOS, SE HIZO MÁS ABIERTO. LA FIESTA DE AÑO NUEVO QUE OFRECIERON LOS LINCOLN EN 1864 FUE EL PRIMER EVENTO AL QUE FUERON INVITADAS PERSONAS NEGRAS A LA CASA BLANCA.

El Partido Republicano escogió a Lincoln como su candidato presidencial. Le decían "el candidato 'estaca'" porque había trabajado haciendo estacas cuando era niño. Este apodo decía a las personas que él era una persona trabajadora y común y corriente, al igual que ellas. Lincoln hizo muy poca campaña. Realmente no esperaba ganar. La noche de la elección, Lincoln y sus compañeros republicanos se reunieron en el Capitolio estatal. Las noticias sobre los resultados de las elecciones llegaban continuamente por telégrafo. A las dos de la mañana se conoció el resultado definitivo. Como el Partido Demócrata estaba dividido entre dos candidatos, Lincoln había obtenido más votos que cualquiera de ellos. Mary se emocionó mucho, pues siempre había querido ser la esposa de un presidente. Pero Lincoln no pudo dormir. "En ese momento sentí más que nunca antes la responsabilidad que tenía encima", dijo.

Fue un presidente muy particular. Sólo tenía un año de educación escolar. Casi no tenía experiencia sobre asuntos de gobierno nacional. Había pasado toda su vida en ciudades pioneras. Había sido derrotado todas las veces que se postuló para el Senado. Ni siquiera sabía muy bien cuál era la labor de un Presidente. Y ahora, de repente era el decimosexto presidente de los Estados Unidos.

Durante la campaña, Grace Bedell, una niña de once años, le escribió. Le dijo que pensaba que él parecería más un presidente

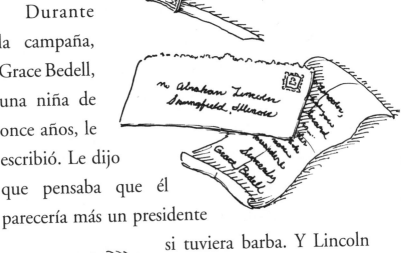

si tuviera barba. Y Lincoln se la dejó crecer.

Capítulo 6
La Guerra Civil

Lincoln tuvo problemas incluso antes de asumir su nuevo cargo. Los estados esclavistas lo odiaban. Casi nadie en el Sur había votado por él. Siete estados se separaron de la Unión apenas se enteraron de que había sido elegido presidente.

ESTADOS DE LA CONFEDERACIÓN

JEFFERSON DAVIS

Dijeron que ya no eran parte de los Estados Unidos y que Lincoln no era su presidente.

Pronto, otros cuatro estados se unieron a ellos. Llamaron a su nuevo país los Estados Confederados de América. Eligieron a Jefferson Davis como presidente. En su breve discurso de inauguración, Lincoln se dirigió a una enorme multitud reunida frente al Capitolio. Les dijo que no permitiría de ninguna manera que la nación se dividiera en dos países. Evitó hablar sobre la esclavitud y tenía una buena razón para hacerlo. Cuatro estados donde la esclavitud era legal—Delaware, Maryland, Kentucky y Missouri—no habían abandonado la Unión. Lincoln no quería perder a estos estados, ni que se enojaran con él.

Pero a pesar de sus deseos, el país no tardó en dividirse en dos. Un mes después, el 12 abril de 1861, los soldados sureños dispararon a unos soldados de la Unión que estaba en el Fuerte Sumter, en Carolina del Sur. La Guerra Civil había comenzado.

FUERTE SUMTER

FREDERICK DOUGLASS

FREDERICK DOUGLASS ERA UN ESCLAVO QUE SE HABÍA ESCAPADO CUANDO ERA JOVEN. SE CONVIRTIÓ EN UN CONFERENCISTA Y ESCRITOR MUY INSPIRADOR. DOUGLASS CREÍA EN LA LIBERTAD Y EN LA IGUALDAD PARA TODAS LAS PERSONAS, INCLUYENDO A LAS MUJERES. NO SIEMPRE APOYÓ A LINCOLN, PUES CREÍA QUE ERA MUY CAUTELOSO PARA TERMINAR

CON LA ESCLAVITUD. DESPUÉS DE LA PROCLAMACIÓN DE LA EMANCIPACIÓN, DOUGLASS TUVO UNA MEJOR OPINIÓN DEL PRESIDENTE. CUANDO SE CONOCIERON, EL PRESIDENTE SE GANÓ TODO SU APOYO Y SIMPATÍA. DOUGLASS DIJO QUE ÉSTE LO HABÍA TRATADO EXACTAMENTE COMO ÉL TRATARÍA A CUALQUIER PERSONA, A PESAR DE LA DIFERENCIA EN EL COLOR DE LA PIEL.

Poco más de ochenta años atrás, las colonias americanas del Norte y del Sur se habían unido para separarse de Inglaterra y convertirse en un nuevo país. Ahora, los americanos combatirían contra otros americanos. Las familias se dividieron, incluso la del mismo Lincoln. Su esposa Mary tenía familiares en el Sur que eran propietarios de esclavos y que pelearon en el bando contrario.

SOLDADO
DE LA UNIÓN: AZUL

SOLDADO
CONFEDERADO: GRIS

Lincoln no tuvo problemas en conseguir voluntarios para el Ejército. Los habitantes del Norte apoyaron la guerra, y todos creían que terminaría pronto. Lincoln creía que para sostener una guerra, un presidente necesitaba más poder que en tiempos de paz. Hay ciertas cosas que el presidente no debe hacer sin la aprobación del Congreso, pero Lincoln las hizo de todas moneras: conformó un ejército y compró armas. También limitó las libertades establecidas por la Constitución. Dijo que las personas que amenazaban el esfuerzo de la guerra podrían ser encarceladas sin ser llevadas a juicio. Ni siquiera había que decirles el delito que habían cometido. Y como la guerra tenía tanto apoyo entre los habitantes, el Congreso permitió que Lincoln hiciera esto.

Pero la guerra no terminó pronto. En ambos bandos, los soldados murieron en batallas sangrientas que no condujeron a nada. El ejército de Lincoln no parecía tener un plan para ganar la guerra. La gente comenzó a preguntarse si Lincoln estaba capacitado para su labor como presidente. El presidente es el comandante en jefe del ejército, pero Lincoln nunca había combatido en una batalla. Necesitaba

EL GENERAL GEORGE B. McCLELLAN

adquirir conocimientos sobre la guerra. En tanto no lo hiciera, tendría que recurrir a los consejos de sus generales. Infortunadamente, algunos de ellos no eran muy capaces.

Lincoln necesitaba un ejército. Lo que tenía era un puñado de voluntarios ansiosos y sin experiencia. Escogió al general George B. McClellan para convertirlos en verdaderos soldados.

En cierto modo, McClellan fue una elección muy acertada. Era organizado y bueno para los detalles. Los soldados confiaban en su dirección.

Desgraciadamente, no era muy bueno para las batallas. Era demasiado cauteloso. Se negaba a atacar al Ejército Confederado. Temía que su ejército no estuviera preparado y que el Ejército Confederado fuera muy poderoso. Desperdició oportunidades de ganar batallas que habrían terminado la guerra. Finalmente, Lincoln se llenó de impaciencia. "Si el general McClellan no quiere utilizar el ejército", dijo, "me gustaría tomarlo en *préstamo* por un tiempo".

LA CASA BLANCA

Mientras Lincoln aprendía a ser un presidente, su familia se estaba instalando en su nuevo hogar. La Casa Blanca era mucho más lujosa que cualquier lugar en donde habían vivido antes, pero estaba sucia y destartalada. El Congreso le dio dinero a Mary para arreglarla. Ella la transformó en un lugar elegante y hermoso. Sin embargo, ella gastó mucho dinero. Lincoln rara vez perdía la paciencia con su esposa, pero esta vez lo hizo. Él necesitaba pedirle dinero al Congreso para comprarles uniformes y mantas a los soldados. Y por culpa de ella, tenía que pedirle más dinero para unos lujos tontos. Tenía que acabar con eso, le dijo a su esposa.

Su hijo mayor estaba
en la universidad. Pero
Willie, que tenía diez
años, y Tad, que
tenía ocho, la estaban
pasando de maravilla
en Washington. Se
hicieron amigos de

los soldados que estaban estacionados en la Casa
Blanca. Instalaron cañones de juguete en el techo
con los que disparaban al Ejército Confederado
que estaba a pocas millas de allí.

Era inusual que los hijos de un presidente

vivieran en la Casa Blanca. Los hijos de todos los presidentes anteriores ya eran adultos cuando sus padres habían llegado a la Casa Blanca. Todo el país estaba interesado en los niños de Lincoln. Les enviaban regalos, especialmente mascotas. Tenían un pony y dos cabras que destruyeron los jardines de la Casa Blanca. A veces las cabras entraban a la casa. Una vez, Tad fabricó un trineo con una silla e hizo que una cabra lo arrastrara en medio de una fiesta elegante.

Lincoln nunca reprendía a los niños ni intentaba que se comportaran bien. Mary tampoco. Tenían permiso para entrar a la oficina del presidente sin

importar quién estuviera allí. Lincoln hablaba a veces con sus generales mientras sus hijos subían a su silla y se le trepaban a los hombros. A veces se quedaban dormidos en el suelo y escuchaban secretos de Estado.

Los chicos tenían un muñeco soldado llamado Jack. Un día, decidieron que Jack se había dormido mientras estaba en guardia y debía ser castigado. Lo sentenciaron a muerte. Entonces corrieron adonde su padre, interrumpiendo una reunión, y le pidieron que perdonara a Jack. Lincoln escuchó su caso con seriedad y redactó un perdón oficial en papeles oficiales de la Casa Blanca.

Posteriormente, Tad hizo que su padre liberara a un pavo que estaba siendo engordado para una cena de Navidad. Tad quería tenerlo como mascota (y también lo llamó Jack). A Lincoln no le importaban estas interrupciones. De hecho, las necesitaba. En medio de la guerra tan terrible y de todas sus preocupaciones, Tad y Willie lo hacían reír.

Sus hijos no eran los únicos en interrumpir a Lincoln. Casi todas las personas que esperaran afuera de su oficina durante un tiempo considerable eran invitadas a entrar. La mayoría iba a pedir favores;

por ejemplo, a que Lincoln les diera empleo en el gobierno. A veces había tantas personas que la escalera quedaba bloqueada por completo.

Las peticiones más conmovedoras eran las de padres y esposas que suplicaban a Lincoln que perdonara a un soldado. Tal vez su hijo había sido condenado a muerte por cobardía o por descuidar sus deberes. Lincoln siempre trataba de concederles

sus peticiones. Entendía que algunas veces un hombre quería ser valiente pero tenía "piernas cobardes" que lo hacían huir de la batalla. La apertura de Lincoln con las personas comunes y corrientes le ganó su lealtad, aunque la guerra pareciera interminable. Las personas le decían "Padre Abraham".

La simpatía de Lincoln con otros padres de

familia se vio reforzada por su propia pérdida. En 1862, su hijo Willie murió de fiebre tifoidea a los once años. Su muerte fue un golpe terrible para sus padres. Willie era el hijo más parecido a Abraham. Mary se desmoronó tras la muerte de Willie. Se resistió a creer que había muerto y comenzó a organizar sesiones de espiritismo, esperando que los espíritus de sus hijos difuntos—Eddie y Willie—la visitaran.

Muchos habitantes de Washington no querían a Mary. Creían que era muy ostentosa y comenzaron a inventar rumores malintencionados. Algunos dijeron incluso que era una espía confederada. Después de todo, ella tenía hermanos y hermanas que estaban alineados con el Sur. Pero estos rumores eran completamente injustos. Es probable que Mary haya sido frívola e irritante, pero siempre fue leal a su esposo y a la Unión. Todo aquel que fuera enemigo de Lincoln también era enemigo de ella, incluso su propio hermano. Pero Mary era tan impopular que algunas personas llegaron a decir que tal vez la muerte de Willie no era tan mala. Tal vez así ella dejaría de hacer el ridículo en público.

Lincoln quedó tan destrozado con la muerte de su hijo como Mary. Algunas veces se refugiaba en su cuarto para poder llorar en paz. Sin embargo, sólo lloró en público el día en que su hijo murió.

Capítulo 7
El fin de la esclavitud

Cuando la guerra se acercaba al final de su segundo año, habían ocurrido más de cien batallas y varios miles de hombres habían sido asesinados o heridos. Y sin embargo, ninguno de los dos bandos estaba ganando. En el Norte, cada vez era más difícil encontrar hombres que estuvieran dispuestos a unirse al ejército. Y el gobierno se estaba quedando sin dinero para financiar la guerra.

El Sur se había separado para mantener la esclavitud. Sin embargo, Lincoln había evitado confrontar directamente la esclavitud hasta ese momento. Pero comprendió que ya era hora de hacerlo. Los abolicionistas apoyaban la guerra porque creían que ésta pondría fin a la esclavitud. Querían que Lincoln la declarara ilegal de una vez por todas. Pero incluso en el Norte, mucha gente se oponía a esta idea. Lincoln temía perder su apoyo y dudó.

No estaba seguro de que el Presidente tuviera el poder para prohibir la esclavitud. Había jurado proteger las leyes de los Estados Unidos y la esclavitud era legal en el Sur. El presidente no podía revocar las leyes por sí mismo. Esto tenía que provenir de la gente. Los ciudadanos eran los únicos que podían cambiar la Constitución de los Estados Unidos.

Finalmente, Lincoln encontró una manera de hacer lo que él pensaba que era correcto, y obedecer al mismo tiempo la Constitución. A un país en guerra se le permitiría confiscar propiedades que el enemigo utilizara para la guerra. Los estados sureños estaban utilizando mano de obra esclava que ayudaba a la guerra de muchas formas. Lincoln decidió que esta era una buena razón legal para confiscar los esclavos a sus propietarios en los estados rebeldes.

El Congreso aprobó leyes que socavaron la esclavitud. Los esclavos que escaparan de los propietarios rebeldes o que fueran capturados por el Ejército de la Unión no serían devueltos a sus esclavos: serían libres.

Lincoln decidió ir más lejos. Escribió la Proclamación de la Emancipación en silencio y por sus propios medios. Esta proclamación *no* liberaba a todos los esclavos. Era un acto de guerra y sólo se aplicaba a los estados confederados. Todos los esclavos serían liberados para siempre en los estados rebeldes. Pero en Delaware, Maryland, Kentucky y Missouri, la esclavitud seguía siendo legal porque estos estados habían permanecido dentro de la Unión.

Lincoln estaba seguro de que, una vez que la nación se unificara de nuevo, sería posible terminar con la esclavitud en todo el país. Pero eso tendría que hacerlo el Congreso. Como presidente, él sólo tenía poder para actuar contra los estados que se estaban rebelando.

Por supuesto, no había forma de hacer cumplir la Proclamación de la Emancipación hasta que la Unión no ganara la guerra. Sólo porque la proclamación les dijera a los sureños que liberaran a sus esclavos, no significaba que ellos lo fueran a hacer. Y Lincoln sabía esto. Dijo sentirse como alguien tratando de hacer una ley para cambiar la trayectoria de un cometa. Ya había dejado en claro que la Unión planeaba terminar con la esclavitud para siempre. Cuando Lincoln habló con su gabinete, les dijo que no les estaba pidiendo su

opinión; que ya había decidido.

La ley entró en efecto el 1 enero de 1863. Los esclavos del Sur escucharon la noticia. De inmediato, muchos escaparon y se fueron al Norte. El Ejército de la Unión comenzó a formar regimientos de soldados negros. Como hombres libres, ahora combatirían contra sus antiguos amos. Al final de la guerra, casi 200,000 negros habían entrado al Ejército de la Unión.

Capítulo 8
Un discurso de dos minutos

Por fin, Lincoln encontró un general brillante para que comandara su ejército: Ulyses S. Grant. Este general estaba dispuesto a combatir. Ya había obtenido victorias importantes como la batalla de Vicksburg, que le dio a la Unión el control del río Mississippi. Pero Grant comprendió que el simple hecho de ganar batallas no era suficiente para ganar la guerra. Y lo más importante era quitar al Sur la capacidad de seguir combatiendo.

Para hacer esto, el ejército de la Unión tenía que atacar muchos lugares al mismo tiempo. Tenía que combatir una batalla tras otra. Y necesitaba destruir los ferrocarriles y las fábricas que hacían posible que el Ejército Confederado siguiera en pie. Grant planeó agotar las fuerzas del Sur hasta que se vieran obligados a rendirse. Pero eso tomaría un buen tiempo y causaría miles de muertes adicionales.

Lincoln confió cada vez más en Grant. Después de una batalla terriblemente sangrienta, mucha  gente pensó que Grant debía ser destituido. "Yo no puedo prescindir de este hombre", dijo Lincoln. "Él pelea".

En el Norte, muy pocos hombres estaban dispuestos a alistarse como voluntarios en el ejército. Entonces, Lincoln elaboró un proyecto en 1863. Por primera vez

en la historia de los Estados Unidos, los hombres fueron obligados a alistarse en el ejército. En Nueva York hubo motines en contra del reclutamiento obligatorio. Decían que no veían por qué deberían morir para liberar personas negras. Muchos norteños estaban tan hartos de la guerra que estaban dispuestos a olvidarse incluso de los estados rebeldes.

Las personas empezaron a culpar a Lincoln cada vez más. Creían que él necesitaba explicarles por qué la guerra había llegado a semejantes extremos. Pero

CEMENTERIO NACIONAL DE GETTYSBURG

en aquella época el Presidente no acostumbraba dirigirse a la nación de manera directa. Su oportunidad se presentó durante la inauguración del cementerio de Gettysburg, en Pennsylvania. La batalla de Gettysburg había sido una gran victoria para la Unión. Sus soldados habían impedido que los rebeldes avanzaran hacia el Norte. Pero más de tres mil soldados de la Unión y casi cinco mil confederados murieron, por lo que se construyó un cementerio especial para enterrarlos a todos.

La inauguración del cementerio tuvo lugar el 19 noviembre de 1863. Y aunque Lincoln era el presidente, el orador principal fue Edward Everett, un hombre famoso por sus discursos largos y floridos. Lincoln sólo habló dos minutos. Sus palabras fueron simples y directas. Comenzó citando una línea de la Declaración de Independencia: "Todos los hombres son creados iguales". Le recordó a los asistentes que los Estados Unidos eran el primer país fundado en la idea de la igualdad. En 1776,

nadie sabía que un país así pudiera funcionar. Ahora la gente se estaba preguntando si podía durar. Tal vez estaba a un paso de desintegrarse. Lincoln no podía ceder a las exigencias de los rebeldes porque el país tenía que sobrevivir.

La Unión estaba combatiendo para mantener unido al país, pero también para garantizar que "el gobierno del pueblo, por el pueblo y para el pueblo no desaparezca de la faz de la Tierra".

Según algunos asistentes, el final del discurso de Lincoln fue recibido con silencio. Las personas estaban tan conmovidas que no podían aplaudir. Edward Everett escribió que, en dos minutos, Lincoln había mencionado el meollo del asunto mejor que su discurso tan largo. La historia está de acuerdo con Everett. El discurso de Gettysburg es ampliamente considerado como uno de los discursos más importantes y hermosos que se hayan escrito.

Sin embargo, la guerra llevaba casi mil días y el fin no estaba a la vista.

ACCIÓN DE GRACIAS

DESDE LA ÉPOCA DE LOS PEREGRINOS, LOS AMERICANOS HAN CELEBRADO VARIOS DÍAS DE ACCIÓN DE GRACIAS. PERO HASTA 1863 NO HABÍA UN DÍA DEL AÑO QUE LA GENTE CONSIDERARA COMO EL DÍA DE ACCIÓN DE GRACIAS. SARAH JOSEPHA HALE (QUIEN ESCRIBIÓ LA CANCIÓN DE CUNA "MARY TENÍA UN PEQUEÑO CORDERO") PENSÓ QUE DEBERÍA HABER UNO. DESDE 1827, LE ESCRIBIÓ A CADA PRESIDENTE PARA QUE DECLARARA ESE DÍA. PERO ABRAHAM LINCOLN FUE EL PRIMERO EN ESCUCHARLA. DESPUÉS DE LA VICTORIA DE GETTYSBURG, LINCOLN EMITIÓ UNA DECLARACIÓN QUE ESTABLECÍA EL ÚLTIMO JUEVES DE NOVIEMBRE COMO UN DÍA PARA DAR GRACIAS POR LA SUPERVIVENCIA DE LA NACIÓN.

Capítulo 9
La guerra es ganada

En 1864, el primer término presidencial de Lincoln estaba llegando a su fin. Se suponía que se celebrarían elecciones en noviembre. Pero, ¿era posible realizarlas durante una Guerra Civil? Sus asesores le sugirieron aplazar hasta que la guerra terminara. Pero él se negó. "No podemos tener un gobierno libre sin elecciones", explicó. Entonces comenzó su campaña, aunque los habitantes de los estados rebeldes no votarían. El rival de Lincoln era George McClellan, el general que no combatía. En sus discursos, McClellan sugirió que estaría dispuesto a comprometerse a terminar la guerra.

Lincoln no estaba seguro de ganar las elecciones. Muchos americanos estaban hartos de la guerra. Estaban dispuestos a votar por cualquiera

que propusiera un final rápido. Pero Lincoln sabía que los soldados lo apoyaban y se aseguró de que pudieran votar.

Entonces, justo antes de las elecciones, el Ejército de la Unión obtuvo victorias sumamente importantes. El general William Sherman, que había sido entrenado por Grant, tomó Atlanta. El general Philip Sheridan, también entrenado por Grant, ganó una serie de batallas en el valle de Shenandoah. Y el propio Grant estuvo a un paso de

tomar Richmond, Virginia, la capital confederada.

Los electores creyeron de nuevo que la guerra podía ganarse y eligieron a Lincoln para un segundo término.

A comienzos de 1865, el fin de la guerra ya estaba a la vista. El 25 de marzo, el ejército de Grant tomó Richmond. Luego arrinconó a las tropas del general Robert E. Lee, el líder del Ejército confederado. Lee no tenía otra opción. El 9 de abril se rindió con su ejército ante Grant en Appomattox, Virginia. La

Guerra Civil había terminado. Lincoln no estuvo presente en la rendición. Los dos generales se encontraron en un tribunal. Grant tuvo cuidado en tratar a Lee con generosidad. Sabía que eso era lo que quería Lincoln. Los soldados derrotados no tendrían que desfilar por las calles mientras la gente se burlaba de ellos. Se les permitió incluso conservar sus caballos. Y Grant hizo preparativos para que las tropas confederadas asoladas por el hambre recibieran alimentos.

En Washington, las multitudes emocionadas rodearon la Casa Blanca. Todos llamaban a Lincoln. Tad recibió una gran ovación cuando salió por la ventana agitando una bandera confederada. Luego salió Lincoln y le pidió a la banda que tocara la canción sureña "Dixie".

Lincoln llevaba mucho tiempo planeando este día. Traer de nuevo la paz era más importante aún que la guerra. Pero iba a ser igual de difícil. Con el apoyo de Lincoln, el Congreso aprobó la Decimotercera Enmienda a la Constitución. Esta enmienda prohibía la esclavitud en cualquier lugar de los Estados Unidos.

En su segundo discurso inaugural, Lincoln había dicho que quería recibir de nuevo a los estados rebeldes en la Unión. Pero mientras se dirigía a la multitud reunida afuera del Capitolio, no todos lo aplaudieron. Una fotografía muestra a John Wilkes Booth y a sus amigos allí presentes. Ellos ya estaban planeando asesinar al presidente.

JOHN WILKES BOOTH

Booth era un actor exitoso. Muchas personas decían que era el actor más apuesto de América. Era un defensor de la Confederación y creía que la esclavitud no solamente era buena para las personas blancas, sino también para las negras. Despreciaba a Lincoln, pues le parecía rudo e inculto. Estaba seguro de que Lincoln estaba destruyendo al país.

LA RECONSTRUCCIÓN

LINCOLN QUERÍA RECIBIR DE NUEVO A LOS ESTADOS REBELDES EN LA UNIÓN CON LOS BRAZOS ABIERTOS. DESPUÉS DE LA MUERTE DE LINCOLN, SU VICEPRESIDENTE ANDREW JOHNSON INTENTÓ SEGUIR LA VOLUNTAD DE LINCOLN PERO NO CREÍA EN DERECHOS IGUALES PARA LOS NEGROS. AÚN ASÍ, EL CONGRESO APROBÓ LA DECIMOCUARTA Y LA DECIMOQUINTA ENMIENDA, GARANTIZANDO A LOS NEGROS DERECHOS CIVILES Y DANDO A LOS HOMBRES NEGROS EL DERECHO A VOTAR. EL SUR HABÍA SIDO OBLIGADO A ACEPTAR LAS ENMIENDAS.

ANDREW JOHNSON

PARA HACER ESTO, EN LUGAR DE DEVOLVER DE NUEVO TODOS LOS DERECHOS A LOS ESTADOS REBELDES TAL COMO LINCOLN PENSABA HACER, EL CONGRESO LES IMPUSO UN GOBIERNO MILITAR. FUE EL COMIENZO DE VARIOS AÑOS DE VIOLENCIA Y DE HOSTILIDAD RACIAL. ¿LINCOLN HABRÍA HECHO MEJOR? NUNCA LO SABREMOS.

Cuando llevaba casi un mes en su segundo término presidencial, Lincoln tuvo un sueño terrible. En él, caminaba por la Casa Blanca y se veía a sí mismo muerto en un ataúd. Le preguntaba a un guardia qué había sucedido. El guardia le respondía, "Fue asesinado por un hombre".

Tres días después, el 14 de abril de 1865, Lincoln fue con su esposa y unos amigos a ver una comedia en el teatro Ford. Él y Mary querían relajarse y pasar un momento agradable. Esa tarde le había dicho a ella, "*ambos* debemos ser más alegres en el futuro". Lincoln se sentó en una silla

mecedora del teatro, mientras su esposa lo tomaba del brazo y coqueteaba con él.

John Wilkes Booth se enteró de que Lincoln asistiría al teatro. Booth había actuado allí y conocía muy bien la edificación, por lo que no tuvo problemas para subir al balcón privado del presidente. Le disparó desde atrás. El sonido del

disparo fue ahogado por las risas del público. Booth escapó saltando dramáticamente al escenario. Acostumbraba hacer esto cuando actuaba.

Lincoln no murió de inmediato. Fue llevado a una casa que estaba enfrente. Había una cama muy pequeña. El Presidente no cabía en ella y tuvo que ser acomodado sobre varias almohadas. Permaneció nueve horas en coma, rodeado por su familia, médicos y consejeros. Abraham Lincoln murió a las 7:22 de la mañana siguiente. Tenía cincuenta y seis años.

Capítulo 10
Adiós al presidente

John Wilkes Booth nunca fue llevado a juicio. Pocos días después de asesinar a Lincoln, su escondite fue descubierto. Booth murió de un disparo mientras intentaba escapar.

Booth creía haber realizado un acto noble y heroico. Sin embargo, en toda la nación las personas lloraron al presidente fallecido. Los relojes fueron detenidos para señalar el momento de su muerte. Millones de personas fueron a Washington, D.C. para rendirle un último homenaje. Luego, el cuerpo de Lincoln fue colocado en un tren especial para ser llevado a Springfield, donde sería enterrado. El ataúd de su hijo Willie fue sacado de su tumba y

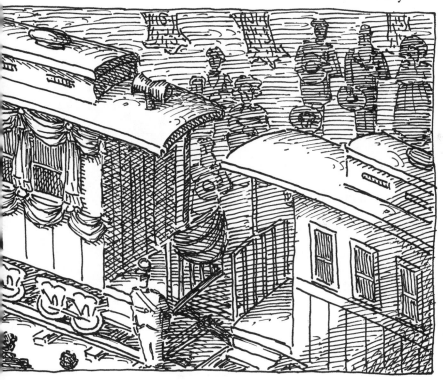

colocado a su lado. El tren recorrió la ruta tomada por Lincoln cuando había ido a Washington como presidente. En cada parada se realizaron conmovedores desfiles con el ataúd subido en un vagón. Algunas veces las filas tenían tres millas de extensión. Las personas esperaban varias horas para tener la oportunidad de decirle adiós al presidente que habían amado.

Mary Lincoln nunca se recuperó del impacto causado por la muerte de su esposo. Estaba demasiado enojada para ir al funeral. Incluso en ese momento la criticaron. Dijeron que se llevó varias cosas que no le pertenecían de la Casa Blanca cuando se marchó de allí. Los últimos años de su vida no fueron felices.

La muerte de Tad a los dieciocho años—de tuberculosis, probablemente—fue otro golpe terrible para ella. De todos sus hijos, sólo Robert vivió para ser adulto. Pero ellos dos no se llevaban bien. Él la internó un tiempo en un hospital, sosteniendo que estaba loca. Robert tuvo una larga carrera como abogado y diplomático. Tuvo tres hijos y varios nietos. Murió en 1926 a los ochenta y dos años.

Hoy en día, doscientos años después de su nacimiento, Abraham Lincoln es más celebrado que cualquier otro presidente con la posible excepción de George Washington. Su imagen aparece en las monedas de un centavo y en los billetes de cinco dólares.

En la capital de la nación hay un monumento en su honor.

LINCOLN MEMORIAL

Su rostro está esculpido en el Monte Rushmore. Muchas ciudades, varias montañas, cinco parques nacionales y diecinueve condados llevan su nombre. Se han escrito centenares de libros sobre él. Es recordado en compañía de Washington el Día de los Presidentes.

MONTE RUSHMORE

Casi desde el momento de su muerte, Lincoln se convirtió en un personaje sobrehumano. La gente lo veía como una especie de santo. Pero obviamente, era sólo un hombre de carne y hueso. Cometió errores y sostuvo algunas ideas que son difíciles de aceptar en la actualidad. Pero está claro que no fue un hombre común y corriente. Mantuvo unido al país durante una de sus épocas más oscuras. Estados Unidos tuvo suerte en tenerlo.

EL LINCOLN MEMORIAL

APENAS DOS AÑOS DESPUÉS DE LA MUERTE DEL PRESIDENTE LINCOLN, EL CONGRESO PROPUSO LA IDEA DE CONSTRUIR UN MONUMENTO EN SU HONOR. EL LINCOLN MEMORIAL FUE TERMINADO EN 1922. SIN EMBARGO, SU HIJO ROBERT AÚN ESTABA VIVO Y ASISTIÓ A LA CEREMONIA DE INAUGURACIÓN. EL MEMORIAL ESTÁ BASADO EN UN TEMPLO GRIEGO, CON UNA ENORME ESTATUA DE LINCOLN EN SU INTERIOR. (SI MIRAS EL RESPALDO DE UNA MONEDA DE UN CENTAVO, PODRÁS VER UNA PEQUEÑA ESTATUA ENTRE LAS COLUMNAS DEL MEDIO). EL TEMPLO TIENE GRABADO EN SUS PAREDES EL DISCURSO DE GETTYSBURG, ASÍ COMO SU SEGUNDO DISCURSO INAUGURAL. LA PERSONA QUE HIZO LOS GRABADOS ESCRIBIÓ "EUTURE" POR ERROR EN LUGAR DE "FUTURE." AÚN SE PUEDE VER LA PARTE DONDE SE HIZO LA CORRECCIÓN.

VARIOS EVENTOS IMPORTANTES DE LA HISTORIA NEGRA TUVIERON LUGAR EN EL LINCOLN MEMORIAL. EN 1963, MARTIN LUTHER KING PRONUNCIÓ SU FAMOSO DISCURSO "YO TENGO UN SUEÑO" DESDE LAS ESCALINATAS DEL MONUMENTO.

EL DISCURSO DE GETTYSBURG

Hace ochenta y siete años nuestros padres dieron a este continente una nueva nación, concebida en la libertad y dedicada a la proposición de que todos los hombres son creados iguales. Ahora estamos enfrascados en una gran Guerra Civil, poniendo a prueba si esta nación o cualquier otra así concebida y dedicada puede durar mucho tiempo. Estamos reunidos en un gran campo de batalla de esa guerra. Hemos venido a dedicar una porción de ese campo a un lugar de descanso final para aquellos que dieron sus vidas para que esa nación pudiera vivir. Es del todo correcto y apropiado que lo hagamos. Pero en un sentido más amplio, no podemos dedicar, no podemos consagrar, y no podemos santificar este suelo. Los hombres valientes, vivos y muertos, quienes combatieron aquí, lo han consagrado mucho más allá de nuestro escaso poder de agregar o quitar. El mundo escasamente notará y recordará lo que digamos aquí, pero nunca podrá olvidar lo que ellos hicieron aquí. Nosotros los vivos haríamos bien en dedicarnos a terminar el trabajo inconcluso que aquellos que combatieron aquí han avanzado de manera tan notable. Nosotros los vivos haríamos bien en dedicarnos a la gran labor que tenemos frente a nosotros, que después de estos muertos gloriosos podamos dedicarnos a la causa por la que ellos dieron la última medida de devoción, que nosotros aquí decidamos que estos muertos no hayan fallecido en vano, que esta nación bajo Dios tendrá un nuevo nacimiento de libertad, y que el gobierno del pueblo, por el pueblo y para el pueblo no desaparezca de la faz de la Tierra.

CRONOLOGÍA EN LA VIDA DE ABRAHAM LINCOLN

1809 — Abraham Lincoln nace el 12 de febrero

1818 — Muere su madre Nancy Hanks

1819 — El padre de Lincoln se casa con Sarah Bush Johnston

1831 — Lincoln se muda a New Salem, Illinois

1834 — Es elegido para la Asamblea General de Illinois

1836 — Recibe su licencia de abogado

1842 — Se casa con Mary Todd en Springfield, Illinois

1846 — Es elegido para la Cámara de Representantes de los Estados Uni

1856 — Ayuda a organizar el nuevo Partido Republicano

1858 — Debate con Stephen Douglas

1860 — Es elegido como decimosexto presidente de los Estados Unic
Los estados sureños comienzan a separarse de la Unión

1861 — Comienza la Guerra Civil

1862 — Lincoln expide la Proclamación de la Emancipación

1863 — Lincoln pronuncia el discurso de Gettysburg

1864 — Lincoln es reelegido presidente

1865 — El general Robert E. Lee se rinde, terminando así la Guerra Ci
John Wilkes Booth mata a Lincoln de un disparo

CRONOLOGÍA
DEL MUNDO

Nacen Edgar Allan Poe y Charles Darwin — **1809**

Comienza la Guerra de 1812 entre — **1812**
los Estados Unidos y Gran Bretaña

Francis Scott Key escribe "The Star-Spangled Banner" — **1814**

El Compromiso de Missouri establece un territorio libre — **1820**
de esclavos en los Estados Unidos

El saxofón es inventado — **1841**

En toda Europa estallan guerras revolucionarias — **1848**

El primer telégrafo es enviado por cable trasatlántico — **1858**

Charles Darwin publica "El origen de las especies" — **1859**

Florence Nightingale encuentra una escuela — **1860**
de enfermería en Inglaterra

Los siervos son liberados en Rusia — **1861**

El Congreso autoriza la construcción de — **1862**
un ferrocarril transcontinental

Se conforman los primeros regimientos afroamericanos — **1863**
en el Ejército de los Estados Unidos

La Decimotercera Enmienda a la Constitución de — **1865**
los Estados Unidos pone fin a la esclavitud en nuestro país.

Bibliografía

Donald, David Herbert. **Lincoln.** New York: Simon & Schuster, 1995.

Freedman, Russell. **Lincoln: A Photobiography.** New York: Clarion Books, 1987.

Pinkney, Andrea Davis. **Abraham Lincoln: Letters from a Slave Girl.** New York: Winslow Press, 2001.

Stone, Tanya Lee. **Abraham Lincoln: A Photographic Story of a Life.** New York: DK Children, 2005.

Rabin, Staton, illustrated by Bagram Ibatoulline. **Mr. Lincoln's Boys.** New York: Viking Children's Books, 2008.